Pour Christina
C.M.

Pour Laurène
M.H.H.

Loi n°49.956 du 16 juillet 1949 sur les publications
Destinées à la jeunesse : mars 1992
Dépôt légal : novembre 2004
Imprimé en France par Mame Imprimeurs à Tours (n°04102161)

Claire Masurel

Demain c'est Noël

Illustrations de Marie H. Henry

Pastel

lutin poche de l'école des loisirs

11, rue de Sèvres, Paris 6e

Demain, c'est Noël…

20.-
10.-
30.-
50.-

Juliette choisit un beau sapin.

Elle le décore avec Papa.
Mais tout le monde s'en mêle !

« Attention
aux boules !
C'est fragile ! Ne tirez pas
sur les guirlandes ! »

Demain, c'est Noël.
Il faut que la maison soit bell

« Théo, ne lèche pas cette boule !
Jojo, ne mange pas la bougie ! »

Demain, c'est Noël.
Il faut faire des gâteaux.

« Attention, c'est très chaud ! »

« Demain, c'est Noël,
il y aura des cadeaux partout ! »

Juliette s'est endormie…

Mais Théo, Daisy, Oscar, Zoé, Max et Jojo, eux, ne dorment pas.

« Regardez, quelque chose vole dans le ciel ! »

« C'est peut-être un oiseau ! »
« C'est peut-être un avion ! »

« Écoutez, il y a du bruit dans le salon… »

« Je vois des grandes bottes
dans la cheminée… »
« C'est peut-être un jardinier ! »

« Je vois un gros monsieur tout habillé de rouge… »
« C'est peut-être un clown ! Il ouvre un grand sac… »

« C'est peut-être
un voleur. »
« Il va nous attraper, sauvons-nous ! »

« Vite, cachons-nous dans le lit de Juliette ! »

Maintenant, tout le monde dort dans la maison.

Aujourd'hui, c'est Noël.
« Vite, allons voir ! »

« Oooh, regardez ! Des cadeaux, et encore des cadeaux ! »

« Et nous, Juliette, on n'a rien ? »

« Si, regardez, il y a encore un gros paquet ! »

« Vite, ouvrons-le ! »
« C'est sûrement pour nous… »

« Une poussette ! »
« Mais non, c'est un chariot ! »

« Préparez-vous, on va se promener ! »

Joyeux Noël !